鳥海高太朗が選ぶ

世界の絶景楽園
100

監修 鳥海高太朗

宝島社

リアルな旅に出ることの大切さ

「旅」というのは、世の中がどんなにデジタルな時代になって、オンライン化が進み、AIやVRの技術が進化しても、人が現地に足を運ぶことでしか感動を味わうことができないものであり、まさに「リアル」な経験こそが旅の醍醐味だと私は思います。

　私にとっては「旅」は究極の「非日常」であり、日常と違う場所に身を置くことによって、リフレッシュすることはもちろん、新しい発想が生まれ、結果的に自分の生活がより豊かになると考えています。

　新型コロナウイルスの影響で2020年春から、世界中の人が今まであたりまえに行くことができた「旅」に出かけることができず、「ステイホーム」の生活を余儀なくされました。そして我々の日常生活では、リモート会議がスタンダードになり、テレワーク・リモートワークの環境が整いました。私自身のテレビの生出演さえも、リモート出演が可能になったのです。

　今回の新型コロナウイルス感染症の蔓延を経て、「旅」の大切さを知った人は多く、制限が緩和されると同時に、旅に出て、目の前に広がる非日常の景色を堪能すると、心からリラックスできるということを再認識したことでしょう。

　インターネットでどんなに素晴らしい絶景を見ても、絶対にリアルに勝るものはありません。食事も同じで、お取り寄せグルメもおいしいですが、やはり現地の雰囲気・気温・景色のなかで食べるグルメが最高です。

　海外旅行へ行けなかった期間が長かった分、久しぶりの海外旅行はより「リアル」な旅の醍醐味を感じることでしょう。また、コロナ禍の間にITもさらに進化し、スマホの地図アプリを使えば目的地までのルートを教え

てくれます。食事のメニューや現地での観光案内がその国の言葉でしか表示されていなくても、翻訳アプリを活用することで、簡単に日本語に翻訳してくれるなど、スマホがあれば自由に行動することが可能になりました。さらに、スマホでも綺麗な写真や動画の撮影もできるなど、個人での旅行をする環境が良くなっており、行きたい絶景や楽園に気軽に足を延ばせるのです。

　新型コロナウイルスの影響で、それまで出国・帰国時に必要だった手続きなどが2023年4月29日に一切不要になり、コロナ前同様に自由に海外旅行へ出かけることができるようになりました。この「自由さ」がどんなに大切か、切実に思い知った人も多いはずです。

　旅はリアルでないと成立しませんが、仕事はリモートワークでも成立することが増えています。

　海外旅行中でも、現地でリモートワークをしながら世界の絶景を訪れたり、楽園に長期滞在することも可能になったのです。もちろん、旅行中は仕事を忘れて旅に集中できるのであれば、それがベストではありますが、リモートワークができることによって、現地での滞在日数を延ばして、暮らすように旅をすることもできます。旅行中の数日をリモートワークにして、いつもと違う雰囲気や気候を感じながら、絶景を見たり楽園で過ごしたりして、仕事や生活での新しいアイデアが生まれるかもしれません。

　今こそ、「リアル」に世界の絶景楽園を巡る旅に、出かけてみてはいかがでしょうか。

鳥海高太朗

鳥海高太朗が選ぶ 世界の絶景楽園100 目次

QRコードを
読み取って
地図で
見てみよう！

各場所の*Access*の近くにある
QRコードに、スマホやタブ
レットのカメラ機能、または
QR読み取りアプリなどをか
ざします。すると、Google
mapsでその場所が表示され
ます。世界のどこにあるのか、
ぜひチェックしてみましょう！

世界の絶景楽園マップ100

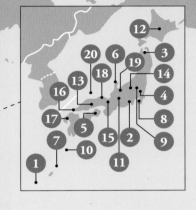

旅行が決まったらやること

旅行が決まったとき、まずはどのように旅をするのかを考えますね。旅慣れしている方なら容易いことですが、ここでは「これから旅をする」初心者の方向けに、どのように旅を計画するのかを解説していきます。まずは、個人旅行か、旅行会社などのツアーに申し込むのかを決めましょう。

個人旅行

交通手段、宿泊先など、すべて自分で手配をするのが個人旅行。旅のプランを考え、いくつかの国や県・州を周遊するのか、1箇所をじっくり観光するのかなど、とにかく自由に行動ができる。もちろん費用もどんなプランにするのかによって変わってくる。事前にしっかり下調べや計画をすれば、意外と簡単で、自分の希望に沿った旅を創造することが可能。

メリット
旅の日数、交通手段、飛行機の場合は会社、宿泊先などを選べる。

デメリット
すべて個人で手配をする必要があるため、計画性や慎重さが大事。

旅行会社などのツアーパッケージ

旅に慣れていない人や安心感を得たい人などは、「旅行＝旅行会社に相談」などと思い浮かぶ人がいるだろう。確かに旅行会社はいわゆるエージェントなので、契約している航空会社やホテルなどをパッケージにして、それらをお手頃価格で売り出している。旅行比較サイトなどのツアーカテゴリーや旅行会社のホームページをチェックしてみよう。

メリット
旅行会社がすべて手配してくれる。現地での空港送迎や現地添乗員などがつく場合もある。

デメリット
航空会社や宿泊先が自由に選べない。日程変更などフレキシブルさが低い。

航空券を予約

❶航空会社のホームページから予約
決まっているアライアンスなどがあればマイレージも貯められるので、利用したい航空会社のサイトから直接、予約・購入をしよう。まれに電話で受け付けてくれる航空会社もある。

❷航空券比較サイトで探して予約
「スカイスキャナー」や「エアトリ」「サプライズ」などの航空券価格比較サイトを利用すると、価格や時間帯、乗り継ぎの有無などを他社と比較できて購入できる。現地のLCC（格安航空会社）なども提案してくれる。

宿泊先を予約

❶ホテルのホームページから予約
海外だと基本的にホテルや民泊などが主流で、日本だとここに旅館も追加される。これらの予約も直接ホテルや民泊のホームページから予約すると、リクエストなどがスムーズに行える。

❷ウェブやアプリで探して予約
「Booking.com」や「アゴダ」などは、世界中のホテルを瞬時に探せて予約できるので便利。キャンセル料無料の宿泊施設もあるので、安心して予約できるのが良い。旅先の中心地周辺を選ぶと観光するのに便利。

日本の
絶景楽園

*Best View and Paradise Destinations
in Japan*

絶景楽園
1

コンドイビーチ 竹富町・沖縄
Kondoi Beach

極上の時間を過ごせる南の島

琉球列島の最南端・八重山諸島に属している竹富島では、赤瓦屋根の集落や水牛車などの伝統的な沖縄の景色が見られます。人気の石垣島からは高速船で20分ほどで行き来ができるため、多くの観光客が訪れます。島で唯一遊泳が許可されているコンドイビーチは、さらさらな白い砂浜と透明度が高い水質を誇り、干潮時には海の底から砂の無人島である「幻の浜」が出現します。島内では、電動アシスト自転車を借りると移動もラクでおすすめです。

Access

竹富港から竹富島交通の巡
回バスで約5分、または徒
歩30分、自転車15分

絶景楽園
2 | # 天空の鳥居 富士河口湖町・山梨
Tenku no Torii

鳥居越しに拝む秀峰富士

富士山と五重塔が同じアングルに収まる新倉富士浅間神社は
人気の観光地ですが、まだ穴場といえるのが河口湖近くに鎮
座する河口浅間神社です。2019年3月に富士山遥拝所が建
てられ、その鳥居が「まるで宙に浮いて見える」と話題を集
めているのがこの "天空の鳥居" です。境内にそびえる樹齢
1200年ともいわれる杉も見どころになっています。

Access

富士急行・河口湖駅からバスで
「河口局前バス停」まで約10分。
下車後、徒歩約30分

十和田湖 十和田市・青森
Lake Towada

新緑・紅葉が素晴らしい奥入瀬渓流

日本を代表するカルデラ湖である十和田湖は、1936年には国立公園に指定されました（現在の十和田八幡平国立公園）。湖の北東に位置する奥入瀬渓流は、特に新緑の時季と紅葉の時季の美しさが格別です。渓流にそって遊歩道が整備されており、ブナやミズナラ、カエデの下、小さな滝を多くもつ渓流美を存分に楽しむことができます。

Access

JR八戸駅からJRバス東北で十和田湖バス停まで約2時間20分

絶景楽園 4 | 権現堂桜堤 幸手市・埼玉
Gongendo Sakura Tsutsumi

桜と菜の花の競演

利根川の支流である権現堂川の堤防には、1920年に3000本ものソメイヨシノが植えられましたが、戦争末期にほとんどの桜が薪として伐採されました。改めて1949年にソメイヨシノが植樹され、現在に至ります。堤防の直下には菜の花畑があり、春には桜とのコントラストが圧巻で、写真映えすること間違いなしです。

Access

東武日光線幸手駅から権現堂バス停までバスで6分、幸手駅から徒歩32分

絶景楽園 5 | 高屋神社 観音寺市・香川
Takaya Shrine

天空の鳥居から のぞむ瀬戸内海

創建年は不明ですが、17世紀には存在が確認されている高屋神社。標高404メートルの稲積山の山頂にある鳥居がアニメ『結城友奈は勇者である』のロケ地に使われた後、SNSを中心にブレイクしました。車なら山頂まで簡単にアクセスでき、観光客でにぎわっています。

Access

JR予讃本線観音寺駅から室本バス停までバスで10分。下車後、徒歩約1時間、観音寺駅から徒歩約1時間40分

白米千枚田 _{しろ よね せん まい だ} 輪島市・石川
Shiroyone Senmaida Rice Terraces

380年間受け継がれる、日本農業の聖地

日本海をのぞむ能登半島の輪島市白米町にある景勝地で、1004枚もの田が連なり、四季折々の表情を見せる美しい田園です。高低差約50メートルの傾斜地で耕作されており、農業機械が入れず、田植え・稲刈りは地元住民やボランティアによる手作業で今も行われています。2011年には「能登の里山里海」が日本で初めて世界農業遺産に認定されました。

Access

道の駅輪島（愛称：ふらっと訪夢）
から、タクシーまたはバスで約15分

砂山ビーチ 宮古島市・沖縄

Sunayama Beach

宮古島を代表する人気スポット

市街地から4キロほどの場所にあり、観光客から撮影スポットとして人気を博している白い砂浜がある砂山ビーチ。名前のとおりのやや歩きづらい砂山を登りきると、コバルトブルーの美しい海が現れます。珊瑚礁が長きにわたり浸食を受けて自然につくり上げられた象徴的なアーチ状の岩が見どころ。夜には満点の星空を眺めることができます。

Access

宮古空港から車で約20分、または平良港から車で約10分

原岡桟橋（岡本桟橋）南房総市・千葉
Haraoka Pier (Okamoto Pier)

桟橋の先に浮かぶ富士山

房総半島の富浦にある原岡桟橋（岡本桟橋）は、1921年に漁業用として整備された、全国でも数少ない木製の海桟橋。レトロな桟橋の先端からは、天気が良ければ東京湾を隔てて三浦半島や伊豆半島、そして富士山をのぞむことができ、CMやドラマの撮影などで頻繁に使われてきました。特にビーチ越しに見る桟橋と夕刻の空の美しさがノスタルジックで格別です。

Access

JR内房線富浦駅から徒歩9分

中禅寺湖 日光市・栃木

Lake Chuzenji

欧州の外交官に愛された湖畔の絶景

湖畔にある中禅寺は、784年に勝道上人によって建立。四季折々に美しい姿を見せる中禅寺湖は、明治時代中頃以降、各国の大使館や外交官の別荘*が湖畔に建てられ、外国人の保養地としてにぎわいました。ピーク時の紅葉の美しさを堪能するなら、遊覧船やカヌーで湖を楽しむのもおすすめです。日光名物「いろは坂」では乗りもの酔いに注意が必要なのもお忘れなく。

Access

東武鉄道東武日光線東武日光駅から中禅寺温泉バス停までバスで45分

＊現在イギリスとイタリアの別荘は一般公開されています。

10 平内海中温泉 屋久島町・鹿児島

Hirauchi Kaichu Onsen

海の中の珍温泉

海中から湧き出た温泉が海岸にあり、大海原を見渡しながら入浴できます。入浴時間は1日2回、干潮の前後約2時間のみです。満潮時は温泉が水面下になるため、浴槽の場所がなくなるというユニークな温泉です。泉質はアルカリ性単純泉で、リウマチや皮膚病などに効果的。屋久島観光で必見の神秘的な温泉です。

Access

宮之浦港から車で約50分、または屋久島空港から車で約30分

絶景楽園

11

ぎふ長良川鵜飼

Cormorant Fishing on the Nagara River

岐阜市・岐阜

鵜と鵜匠が魅せる伝統の漁法

1300年以上の歴史があり、岐阜の夏の風物詩として受け継がれている長良川の鵜飼。伝統装束に身を包んだ鵜匠が鵜を操り、魚を捕まえる漁法は、織田信長や徳川家康をはじめ多くの歴史上の人物からも愛されてきました。現在ユネスコの無形文化遺産登録を目指しています。まさに百聞は一見にしかずです。

Access

JR東海道線岐阜駅、または名鉄岐阜駅から長良橋バス停までバスで20分

12 | 白金青い池 美瑛町・北海道
Shirogane Blue Pond

コバルトブルーの幻想的な池

美瑛川の澄んだ水に、滝から流れ出たアルミニウムを含む地下水が混じり、小さな粒が発生します。その粒に太陽光が当たり、散乱して独特の色が生まれました。この色は季節や天候によっても変化し、雪解け水が多い春はグリーンブルーに、初夏はライトブルーに見える日が多いといわれ、新緑や紅葉との組み合わせも楽しめます。11月から4月にかけては池が凍結し、青い水が見られない代わりにライトアップが行われ、幻想的な風景が広がります。

Access

JR富良野線美瑛駅か
ら白金青い池入口バス
停までバスで20分

黒滝山 竹原市・広島
Mt. Kurotaki

瀬戸内海を一望する山水画のような奇岩

瀬戸内海沿岸には、山頂から海を遠望できる山が点在しますが、特に絶景を楽しめるのは標高266メートルの黒滝山です。とりわけ烏帽子の形をした烏帽子岩から、大久野島、芸予諸島、遠く四国連山を眺望できます。麓の忠海港からは、数多くのウサギが生息する大久野島へ渡ることもできるので、あわせて訪れることをおすすめします。

Access

JR呉線忠海駅から徒歩40分

青鬼集落 白馬村・長野
Aoni Village

昔物語のような原風景が残る集落

わずか人口14人の青鬼集落。江戸時代後期以降に建てられた古民家と棚田の背景に雄大な北アルプスをのぞむ景観は、日本の原風景とも呼べるものです。棚田が「日本の棚田百選」に、集落全体が「重要伝統的建造物群保存地区」に指定されています。周辺には商店などはありませんが、それだけに昔ながらの集落の雰囲気を堪能できます。

Access

JR大糸線信濃森上駅から徒歩53分

南紀の海 那智勝浦町、太地町・和歌山

Nanki Sea

日本有数の海水浴場天国

和歌山県の那智勝浦町周辺は線路沿いに美しい海岸が多く見られます。和歌山県最大級の那智の浜が有名ですが、紀勢本線の湯川駅ホームからの眺め（写真左）は南国の絶景です。この写真の奥に見えるエリアが捕鯨で有名な太地町。この町には、夏の間クジラと一緒に泳ぐことができる「くじら浜海水浴場」（写真右上）があります。那智勝浦町は温泉とマグロで知られ、宿や温泉も多く、高さ日本一の世界遺産・那智の滝（写真右下）や熊野古道も近くにあります。

Access

起点となる紀伊勝浦駅までは大阪、名古屋から特急で約3時間40分。高速道路もあり。

角島大橋 下関市・山口
Tsunoshima Bridge

コバルトブルーの海にかかる絶景の橋

離島の角島と本州を結ぶ角島大橋は、2000年に開通しました。リゾートのような白い砂浜にコバルトブルーの海。そのなかにまっすぐ延びる橋の姿が自動車のCMやロケ地としてたびたび登場し、日本を代表する絶景スポットとして有名になりました。写真でよく見かける絶景が見られるのは本州側の橋のたもとにある角島展望台です。橋は自転車でも通行可能なので、天気の良い日には爽快なサイクリングを楽しむことができます。

Access

JR山陰本線特牛駅からホテル西長門
リゾート入口バス停までバスで16分。
またはJR山陰本線滝部駅から上記同
バス停までバスで40分

土谷棚田 松浦市・長崎
Doya Rice Terraces

夕陽に照らされる棚田と玄界灘

日本の棚田百選のなかでも、海をのぞむことのできる数少ない棚田の一つです。田植え前の水張りの時季、玄界灘に沈む夕陽が棚田を赤く染める時刻には、多くのカメラマンが絶景をレンズにおさめようと訪れます。また、毎年秋に行われる「土谷棚田の火祭り」は、約3000個の灯籠を棚田に並べて灯すもので、日本夜景遺産の一つに選ばれています。

Access

JR筑肥線伊万里駅から福島
支所前バス停までバスで40分。
下車後、徒歩38分

天橋立 宮津市・京都
Amanohashidate

雪舟も描いた日本三景の名勝

　8世紀初頭には名勝として知られていた天橋立は、江戸時代には日本三景の一つとして、松島、宮島と並び称されるようになりました。天橋立の神秘の造形の全貌を見晴らすには、南側の天橋立ビューランドか北側の傘松公園へ、ケーブルカーやリフトで行きます。「股のぞき」をすると、天橋立が天に舞う龍のように見えるはずです。

Access

京都丹後鉄道天橋立駅から
徒歩7分

絶景楽園 19 雨晴海岸 高岡市・富山
Amaharashi Coast

圧巻の海越しの山脈

義経伝説が残る名勝地・雨晴海岸では、晴れた日には富山湾越しに立山連峰をのぞむことができます。海越しに3000メートル級の山々が見られる場所は、世界でも数えるほどです。3月下旬から6月上旬の晴れた日中には蜃気楼が見られることもあります。

Access

JR西日本氷見線雨晴駅から徒歩5分

絶景楽園 20 摩天崖
Matengai Cliff

西ノ島町(隠岐)・島根

放牧地からのぞむ大絶壁

隠岐諸島の西ノ島の西部に位置するのが摩天崖です。巨大なナイフのように垂直に切り立てたような海抜257メートルの大絶壁は、海蝕作用でできた崖として日本有数の高さを誇ります。崖の上は放牧地となっており、荒々しい海岸の風景とのんびり草を食む牛馬のコントラストが印象的です。

Access

別府港から車で25分、電動アシスト自転車で60分

アジアの
絶景楽園

*Best View and Paradise Destinations
in Asia*

絶景楽園 21 | ライレイビーチ クラビ・タイ
Railay Beach

自然溢れる秘境ビーチ

プーケット島の東にある130以上の島々を擁し、近年欧米人に人気のクラビ島。クラビ空港へは、バンコクから1時間30分、シンガポールから1時間45分のフライトで行くことができます。多くの秘境ビーチリゾートが存在するクラビですが、特に人気なのがこのライレイビーチ。奇岩に囲まれており、ボートでしか行くことができない陸の孤島とよばれています。美しいビーチはもちろんのこと、岩場や洞窟が数多くあり、ロッククライミングの聖地としても世界的に有名です。マングローブ林が茂り、ジャングルのような手つかずの自然を楽しめます。

Access

クラビタウン、またはアオナンビーチからボートで約10分

アッパー・カチューラ湖

絶景楽園 **22** スカルドゥ・パキスタン

Upper Kachura Lake

穏やかな湖畔を満喫

パキスタンの行政区画であるギルギット・バルティスタン州にある湖です。周辺は、西ヒマラヤ亜高山帯の針葉樹林が豊かであり、ミネラル豊富な土壌で育ったアプリコット畑が付近にあります。自然の風光明媚な景色を横目にハイキングやマス釣り、ボートなどのワイルドレジャーが最適です。

Access

イスラマバード国際空港からスカルドゥ国際空港まで飛行機で45分。空港から車で30分

漢拏山

絶景楽園 **23** 済州島・韓国

Hallasan Mountain

韓国一高い人気の火山

済州島は「韓国のハワイ」といわれ、人気のリゾート地。その島にある韓国最高峰を誇る標高1950メートルの活火山・漢拏山は必見です。四季折々の植物や多くの動物が生息しているため、2002年に世界生物圏保全地区に指定、2007年には世界自然遺産にも登録されました。

Access

済州島の市街地から登山口までタクシーで約20分、またはバスで約60分

マンタナニ島 サバ州・マレーシア
Mantanani Islands

「人魚の島」ともよばれる秘境リゾート

ボルネオ島北部にあたるコタキナバル近郊の海岸沿いには離島が点在しています。なかでも海の美しさで群を抜いているのがマンタナニ島。水質はエメラルドグリーンに輝き、サンゴ礁越しに見える4000メートル級のキナバル山の姿も圧巻です。ジュゴンが生息していたことから「マーメイド島」、中国人観光客には「人魚の島」とよばれ、人気を集めています。

Access

コタキナバルからバスで90分、
さらに港から船で60分

絶景楽園 25 | サランコットの丘 ガンダキ州・ネパール
Sarangkot

ヒマラヤを一望する絶景ロビー

ネパール屈指の観光地ポカラから車で30分のところにサランコットの丘があります。2018年、この丘の上にオープンしたのが「ホテル アンナプルナ ビュー」。日本人の実業家・故宮原巍氏によって立案されたこのホテルの見どころは、アンナプルナ連峰を一望のもとにできることです。特に朝食をとるテラス席からの絶景は世界屈指といえます。

Access

ポカラ国際空港から車で40分

稲城亜丁
とう じょう あ てい

Yading

四川省・中国

気軽に行ける「チベット」の絶景

外国人は高額ツアーでしか入域できないチベット自治区に対して、四川省のカンゼ・チベット族自治州は気軽に行けます。2013年、標高が世界最高の空港となる海抜4411メートルの稲城亜丁空港が開港し、一気に観光地化が進みました。高く聳える山々は「中国最後のシャングリラ（理想郷）」といわれ、壮大な雪山と色鮮やかな湖が楽しめます。

Access

稲城亜丁空港からバスで1時間40分

エルニド パラワン島・フィリピン

El Nido

ツーリストの心を捉えて離さない場所

パラワン島北部にあるエルニド村と、周辺沖に浮かぶ約50の無人島の全体をエルニドとよび、現地の言葉で「海燕の巣」を意味します。エメラルドグリーンやコバルトブルーの透明な水質の海は、この地に降り立ったときから心が浄化されてリラックスできるので、人々の心を癒やしてくれる美しい自然に溢れた故郷だといえるでしょう。

Access

リオ空港からエルニド村までボートで約40〜50分

絶景楽園 28 | バーナーヒルズ ダナン・ベトナム
Ba Na Hills

神の手に支えられた象徴的な橋

日本人に人気がある都市ダナンに行ったら足を運んでいただきたいのが、山頂にある巨大なテーマパークです。駐車場に到着すると、ロープウェイに乗って入り口（山頂）に向かいます。2018年に建設された「ゴールデンブリッジ（神の手）」は、新奇景として連日多くの人でにぎわいます。

Access

ダナン市内から有料シャトルバスあり。または市内から車で約45分

絶景楽園 29 | パロレムビーチ ゴア・インド
Palolem Beach

時間を忘れるくつろぎの自然

インドのビーチリゾートとして有名なゴアは、年間を通して暖かい気候に恵まれています。なかでも南ゴアにあるこのビーチは、黄金色の夕陽が輝き、素朴で静寂な時間を過ごせることから、欧米の観光客に人気があります。アラビア海に面しているため、海の幸が豊富です。

Access

ゴア国際空港からバスで約3時間

30 | ポッパマウンテン マンダレー地方域・ミャンマー

Popa Mountain

ミャンマーに実在するリアル天空の城

ミャンマー中部のパガン遺跡近くにあるポッパマウンテン。その山麓にあるタウン・カラットという岩山は、ミャンマーの土着信仰であるナッ信仰の総本山です。近くの山麓に位置するポッパマウンテンリゾートのプールサイドからは、タウン・カラットと平原が一望できます。ミャンマーの大平原に浮かぶタウン・カラットの黄金の輝きは十分インパクトがありますが、霧がかかるとまさに「天空の城」を彷彿とさせ、幻想の度合いを高めます。

Access

ニャンウー空港から車で60分

31

クアンシーの滝

Kuang Si Falls

ルアンパバーン郡・ラオス

エメラルドグリーンに輝く滝壺

文化的で歴史的な仏教寺院が点在する世界遺産の古都ルアンパバーンから30キロほどの森林の中に、メコン川上流に位置し、ラオス随一の美しさを誇るといわれる滝があります。マイナスイオンをたっぷり浴びることができ、神秘的な自然の豊かさを体験できます。

Access

市街地ルアンパバーンから乗合ミニバンかトゥクトゥクをチャーターして約40分

32 | ウビン島

Pulau Ubin

ウビン・シンガポール

自然を愛する人の理想の楽園

シンガポールの中心地から近いセントーサ島は観光化が進み、一大リゾート地と化していますが、北東の沖合に浮かぶ小さなこの島は、まだ穴場といえます。喧騒から逃れ、自然に囲まれてのんびり過ごしたい人にはぴったりの場所。島内では自転車を借りてサイクリングをするのがおすすめです。

Access

チャンギポイントフェリーターミナルから船で約15分

シギリヤロック シギリヤ・スリランカ
Sigiriya Rock

王都の歴史を刻む空中宮殿

スリランカには、8つの世界遺産が登録されていますが、なかでも知名
度が高く人気なのが、シギリヤロックです。5世紀後半、カッサパ王1
世が7年の歳月をかけて高さ200メートルの花崗岩の頂上に王宮を築き、
この宮殿を中心に都が栄えていきました。1200段の階段を上りきると、
360度の眼下に広がる壮大な景色に感動を覚えることでしょう。

Access

首都コロンボからダンブッラ
まで電車で約3時間、のちに
ダンブッラでバスに乗り換え
て、さらに約2時間半

ホワイトビーチ
White beach　ボラカイ島・フィリピン

東南アジア屈指の白砂のロングビーチ

日本でも知名度が高いボラカイ島は、マニラから飛行機で1時間ほどで行ける秘境です。純白の砂浜が約4キロにわたって続くホワイトビーチは、数ある東南アジアのビーチのなかでも、美しく、かつ広大なことで知られ、かつて3年連続でトリップアドバイザーの「アジアのベストビーチ」の1位に選ばれたこともあります。2018年、ドゥテルテ政権のときに、環境改善のために一時期島をクローズしました。その後は入島する観光客数の上限を設定し、ビーチパラソルやデッキチェアなどを禁止し、環境が改善されるようになっています。

Access
マニラから飛行機でカリボ空港まで45分。またはカティクラン空港からトライシクルでカティクラン港まで3分。そこから船やフェリーで15分

アラクル湖
Lake Ala-Kul
カラコル・キルギス

蒼く輝く秘境の湖

「中央アジアのスイス」といわれる山岳国家キルギス。標高3532メートルに位置するアラクル湖は、高山の氷河地形とエメラルドグリーンに輝く湖のコントラストが美しい湖です。また、山間にあるアルティン・アラシャンの村には露天風呂もあり、旅の疲れた体を癒やすことも可能です。この村ではツーリストキャンプがあり、遊牧民の住居であるユルトを模した宿を体験することもできます。昼は美しい深緑、夜は満点の星空という2つの絶景を味わえます。

Access

ビシュケクの西バスターミナルからミニバスでカラコルまで6〜7時間。下車後、アルティン・アラシャンまでジープで2時間。そこから馬で2時間、さらに徒歩で1時間

絶景楽園
36 # モルディブ 北マーレ環礁・モルディブ共和国
Maldives

究極のリゾート滞在

モルディブはインドとスリランカの南西に位置し、26の環礁と1190もの小さな島々からなる国です。「インド洋の楽園」といわれ、一つの島に一つのホテルという形態をとる一島リゾートスタイルが基本です。プライベート感を重視でき、安心安全に優雅なひとときを過ごすことができます。世界中から年間100万人以上の観光客が訪れ、近年ハネムーンやダイビングのメッカとして人気を集めています。まさに非日常を満喫するのに極上の場所といえるでしょう。

Access

マーレ国際空港から、目的の島（ホテル）まで水上飛行機かスピードボート

ハロン湾 ハロン市・ベトナム
Ha Long Bay

神秘と伝統を守る海の桂林

中国国境に近いベトナム北部の約1500平方キロメートルの広大な湾内に、3000の奇岩と島々が点在し、景勝地として名を馳せているのがハロン湾。「ハロン＝龍が降りた場所」という神秘的な意味があり、湾全体がその日の天候、時間、季節などによってさまざまな姿を見せます。1994年に世界自然遺産に登録されて以降、世界中からの観光客でにぎわいます。

Access

ハノイ市内からバイチャイまでバスで約3時間半〜4時間。下車後、徒歩で各クルーズ乗り場へ

クラダーン島 トラン県・タイ

Kradan Island

地球一に輝いたタイ最後の秘境

本土からスピードボートに45分ほど乗ると、白い砂浜が目前に現れ、タイ最後の秘境の地・クラダーン島に到着します。海水は温かく、さらに透明度が高いので、ダイビングやシュノーケリングを存分に満喫できます。イギリスの旅行メディア『The World Beach Guideが選ぶ「地球上のトップ100ビーチ2023」』では、この島が第1位に選出されました。

Access

クアン・トゥンクー船着場、またはパークメン船着場からスピードボートで約45分

ウルワツ寺院 バリ島・インドネシア

Uluwatu Temple

断崖絶壁に建つ寺院から日没をのぞむ

バリ島のなかでも、南端部のウルワツ近くには断崖絶壁が海に迫る
絶景ポイントが多くあります。なかでも、高さ70メートルの断崖に
あるヒンドゥー寺院のウルワツ寺院は、そこからの夕陽の美しさで
知られています。日没にあわせて寺院で行われるケチャダンスは、
刻一刻と色を変える空と海の色という演出も含め、観光客に人気が
あります。寺院には猿が多く、スマホや眼鏡などを盗む事例が続出
しているので、訪れる際には注意しましょう。

Access

デンパサール国際
空港から車で60分

中東の
絶景楽園

*Best View and Paradise Destinations
in the Middle East*

サヌア旧市街 <small>サヌア・イエメン</small>

21世紀に生きる中世アラブの街並み

旧約聖書で、ノアの子によって拓かれたと伝わるのがアラビア半島南部、標高2300メートルの高原に広がるイエメンの首都サヌアです。旧市街には日干し煉瓦を積み上げた高層建築が6500棟を数え、古いものでは1000年以上も使い続けられているといわれています。続く内戦のため、世界文化遺産であるサヌア旧市街は危機遺産のリストに登録されています。観光で訪れるのは難しい状況が続いていますが、いつか訪れてみたい価値のある場所です。

Access

サヌア国際空港から車で40分

サルアガセイエッド
Sar Agah Seyed

チャハール=マハール・バフティヤーリー州・イラン

夕陽で黄金に輝く幻想的な集落

ザグロス山脈にあるこの集落には、戦争から逃れてきた遊牧民の末裔約1698人が暮らしています。急傾斜地のため、土でつくられた屋根がそのまま上の家屋のための道となる、珍しい景観です。標高約2500メートルのこの集落は、冬の間は積雪のために隔絶された生活を続けてきました。かつては住居のみでしたが、現在は数軒の宿泊施設があります。

Access

イスファハン市街地から車で
4時間

カディーシャ渓谷 レバノン
The Holy Valley

神秘に溢れる聖なる谷へ

標高3000メートルの雪山のふもとにあるカディーシャ渓谷は、ヨーロッパの山岳都市を思わせます。この渓谷にはかつてガレー船などに使用された、レバノンの象徴的な存在であるレバノン杉が群生し、世界文化遺産に登録されています。春には、この渓谷から内陸部の世界文化遺産のバールベック遺跡まで、雪の壁に挟まれた道を通り、峠越えができます。

Access

ベイルートからバスでブシャリまで3時間

絶景楽園

43

アンタルヤ

Antalya

アンタルヤ・トルコ

今昔の混ざり合う
トルコ随一のリゾート

アンタルヤは地中海に面し、一年中気候が温暖なため、トルコの人たちにとって人気のリゾート地です。ヘレニズム時代に築かれた古代の街並みを感じさせる旧市街（カレイチ）や紀元前2世紀から街のライフラインを支えた北西にあるアンタルヤ旧港など、見どころ満載の港町です。

Access

アンタルヤ空港から市内まで路面電車で38分

絶景楽園

44

リワ・オアシス 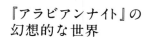 アブダビ・アラブ首長国連邦（UAE）

Liwa Oasis

『アラビアンナイト』の
幻想的な世界

UAEといえば近年ドバイが注目を集めていますが、首都はアブダビです。サウジアラビアとの国境付近に「ルブアルハリ砂漠」という世界最大級の砂漠があり、この砂漠はその一部です。やや赤みがかった砂は、太陽や時刻によって色が変化して見えるのが特徴です。

Access

アブダビ市街地から車で約3時間

ヨーロッパの
絶景楽園

*Best View and Paradise Destinations
in Europe*

絶景楽園
45 | # エディンバラ城 スコットランド・イギリス
Edinburgh Castle

荘厳で重厚感がある城は街のシンボル

イギリスと合邦する1707年まではスコットランド王国として栄え、首都エディンバラは数々の歴史を刻んだ街です。この伝統的な街を見守るかのように、「キャッスル・ロック」といわれる岩山の頂上にそびえ立つのがエディンバラ城。毎日13時に空砲が街全体に響き渡り、まるで中世にタイムスリップしたかのような緊張感を味わえます。

Access

エディンバラ空港からトラムかバスで約30分。またはロンドンから電車で約4時間半

シップレックビーチ ザキントス島・ギリシャ

絶景楽園
46

Shipwreck Beach

船でしか辿り着けない隠れビーチ

ギリシャの最果てのイオニア海に浮かぶのがザキントス島。この島を訪れた人ならすべての人が必ず足を運ぶといわれているシップレックビーチは、ジブリ映画『紅の豚』の舞台として知られています。青い空と蒼い海、そして断崖絶壁の岩岩に囲まれた小さくて美しいビーチには、さびついた難破船が横たわり、到着する観光客を迎え入れます。

Access

ザキントス国際空港からザキントス・タウンまでバスで約20分。タウンからナヴァイオ海岸（シップレックビーチの別称）付近までバス、またはタクシーで約50分。下車後、ボートで向かう

モナコ＝ヴィル

Monaco Ville

モナコ＝ヴィル・モナコ公国

地中海を見下ろす
岩の上にある街

一般公道を走るF1モナコグラン
プリやカジノなど、娯楽が盛んな
高級リゾート地として世界中の富
裕層がモナコに集まります。なか
でもモナコ＝ヴィルは、公国最古
の地区であり、モナコ岩として
知られる断崖の上に「Le Rocher
（旧市街地）」が存在します。

Access

モナコ中心地から
徒歩15分

ラゴス

Lagos

ラゴス・ポルトガル

海との歴史がある
繁栄した港

世界史を勉強した人なら聞いた
ことがある"エンリケ航海王子"
が、このラゴスの町からポルト
ガルの大航海時代をスタートさ
せ、15～16世紀は黄金時代を迎
えました。古くより貿易港とし
て重要な港であったため、さま
ざまな外国産品や魚介類などの
取引が盛んでした。

Access

リスボンから鉄道、ま
たはバスで約4時間

ブルーラグーン コミノ島・マルタ共和国

Blue Lagoon

宝石のように煌めく蒼い海

近年日本人に人気の留学先であるマルタ島から近くにあるのがコミノ島。地中海にあるビーチのなかでも最も美しい場所として、毎年バケーションの時季はにぎわいます。コミノ島に着いた瞬間から、エメラルドに輝くその海の美しさに驚くことでしょう。岩に囲まれ入り江になっているブルーラグーンでは、シュノーケリングや日光浴を楽しめます。

Access

マルタ島のチェルケウワからフェリーで約10分

断崖の上に築かれた町

イタリア南部のソレントからサレルノまで約50キロにわたって続くアマルフィ海岸は、町の歴史や海岸線の美しい景観が価値あるものと認められ、1997年に世界文化遺産に登録されました。アマルフィを連想させる崖沿いに建つ色とりどりの建物を見ることができるのは、ポジターノの町から。リゾートファッション発祥の地でもあることから、かわいいショップ、おしゃれなカフェやレストランが建ち並びます。アマルフィの町とあわせて訪れてみましょう。

Access

ソレントからバスで約90分。
または、サレルノからバスで約75分

絶景楽園 51 イロ・サクレ地区 ブリュッセル・ベルギー
Ilot Sacre'

食い倒れの美食ストリート

19世紀に建てられ、ヨーロッパ最古のアーケードとして知られる「ギャリ サンテュベール」の西側にあるのが、ベルギーの胃袋とも例えられるこの地区。美食好きの人は絶対に訪れていただきたい場所です。レストランやビストロ、カフェがひしめき、世界の食通をうならせます。

Access
ブリュッセル中央駅から
徒歩6分

絶景楽園 52 ヒドコート マナーガーデン コッツウォルズ・イギリス
Hidcote Manor Garden

世界各国の植物の競演

コッツウォルズには、伝統的なイングリッシュガーデンが多く見られます。なかでもイギリスを代表する美しい名庭の一つなのが、ヒドコート マナーガーデン。アメリカ出身のガーデンデザイナーのローレンス・ジョンストンが、財団に寄贈されるまで約40年の歳月をかけてつくり上げたものです。

Access
チッピングカムデンの町
から車で10分

ベルヒテスガーデン国立公園 バイエルン・ドイツ
Berchtesgaden National Park

アルプスの大自然を存分に味わえる湖畔

ドイツ南部とオーストリアの国境にあるこの公園は、ドイツ・アルプスの景勝地として知られています。公園内には、ドイツで3番目に高い標高2713メートルのヴァッツマン山があり、その山の姿が水面に反射されるフィヨルドのケーニヒス湖の眺めは素晴らしい光景です。

Access

ミュンヘンから電車で約3時間、ベルヒテスガーデン駅で下車

ウルホ・ケッコネン国立公園 ラップランド・フィンランド
Urho Kekkonen National Park

北極最北のリゾート地

国内で2番目に大きく、最も人気のある国立公園は、オーロラ鑑賞やトレッキング、スキーなど、大自然を思いっきり楽しめます。また、サウナ発祥の地であるフィンランド。園内でもオープンサウナを体験できます。「ととのう」ことにこだわらないのがフィンランド流。

Access

ロヴァニエミの中心地からバスで約3時間20分

絶景楽園
55

ウシュグリ村
Ushguli Village
スヴァネティ・ジョージア

草原に林立する石塔の村

ナショナルジオグラフィック誌の「世界の旅先2024」ベスト20に選出されたこの村は、コーカサス山脈をのぞむ小さな山村です。標高2100メートルで、定住する住民がいる集落としてはヨーロッパで最も高い集落の一つといわれ、一年の半分は雪で隔絶されます。村には9〜12世紀につくられた高さ20メートル以上の石塔をもつ家が数十軒建ち並びます。紛争が起こると住民は塔に上がり、投石や矢を射って侵略者を退けたそうです。

Access
メスティアからミニバスで2時間30分

56

バンジェビーチ

Banje Beach

ドゥブロヴニク・クロアチア

中世の歴史を感じるアドリア海の街

アドリア海に面したオレンジ色の屋根が印象的なドゥブロヴニク旧市街は、1979年に世界文化遺産に登録されました。映画やドラマの舞台にもなっており、「アドリア海の真珠」と世界中から絶賛されています。旧市街の城壁とロクルム島を同時にのぞむことができるバンジェビーチは、ドゥブロヴニクを訪れるなら外せない人気のビーチ。午前中は城壁の中側の旧市街を散策、午後は城壁の外側で泳ぐという、まさに非日常な1日を味わうのにぴったりの場所です。イタリア料理の影響を受けた「ダルマチア料理」のおいしいお店も軒を連ねます。

Access

ドゥブロヴニク空港から
シャトルバスで市内まで
40分。降車後、徒歩9分

絶景楽園
57 | # カーラ・マカレラ
Cala Macarella
メノルカ島・スペイン

のどかな島でスローライフを満喫

イビサ島やマヨルカ島はいわずと知れたスペインの有名アイランド。バレアレス諸島の小島のメノルカ島は、隣のマヨルカ島よりもさらに海が綺麗で、人も少なく、静かなバカンスを過ごせる場所としてヨーロッパでは贅沢リゾートの地。なかでも自然に囲まれた入り江にあるカーラ・マカレラは、時間を忘れて過ごせる極上のビーチです。

Access

シウタデリャ・デ・メノルカからバスで約45分。降車後、徒歩20分

サン = テミリオン ボルドー・フランス
Saint-Émilion

ブドウ畑が広がるワインの聖地

ボルドー地方にある美しい、中世を感じさせるこの村は、世界文化遺産に登録されています。かわいい石造りの町並みと歴史的な建築物、そしておいしいワインが観光客を魅了します。特にこの地のワインは、ボルドーのなかでも非常に厳格で信頼できる格付けです。お気に入りシャトー（醸造所）を見つけて、ワインツアーや試飲が楽しめます。

Access

パリからボルドーまでTGVで約2時間15分。ボルドーから電車で40分

ランペドゥーサ島 アグリジェント・イタリア

Lampedusa Island

地の果て、イタリア最南端の島

ターコイズブルーの海と白い砂浜の景色が広がり、入り江に停まるボートがまるで宙に浮いているように見えることでも有名なランペドゥーサ島。島全体が自然保護区となっており、シュノーケリングなどで珍しい海洋生物を発見できるかもしれません。シチリアに伝わる地元のおいしいシーフード料理やデザートを堪能できるのも魅力の一つです。

Access

シチリア島のパレルモ空港から飛行機で1時間。またはシチリア島のポルト・エンペドクレから高速船で約4時間15分

絶景楽園
60

ハルシュタット湖

Lake Hallstatt

ザルツカンマーグート・オーストリア

四季折々の
自然美が観光客を魅了

オーストリアのアルプス山脈に囲まれたとても美しい湖で、水面に映る歴史ある村は見事な風景です。映画『サウンド・オブ・ミュージック』の舞台にもなり、岩塩の採掘が盛んで「塩の町」ともよばれています。2500年以上前の世界最古の岩塩坑も保存されています。

| *Access* |

ウィーン中央駅からハルシュタット駅まで電車で3時間17分（1日1本のみ）。下車後、連絡船に乗り、町まで5分

絶景楽園
61

サニービーチ

ブルガス・ブルガリア

Sunny Beach

昼夜楽しめる
国内最大の観光地

黒海沿いの人気リゾート地で、昼は美しい砂浜と地元の料理、夜はバーやクラブなど、1日中楽しめます。ほかのヨーロッパの国に比べて物価も比較的安いので、リーズナブルな価格で豪華リゾート施設を体験でき、家族連れから若者まで幅広い層に愛されています。

| *Access* |

ブルガス空港からネセバルまでバスで44分、下車後徒歩9分

ラ・コンチャビーチ

La Concha Beach

サン・セバスティアン・スペイン

世界屈指の名店で楽しむバル巡り

スペイン・バスク地方に位置し、日本でも美食の街として有名なサン・セバスティアンにあるのがラ・コンチャビーチ。ここは19世紀にスペイン王室の避暑地として人気を博し、その美しさと穏やかな波は、リラックスするのに最適な環境として多くの観光客を魅了しています。ビーチの東側の旧市街には、バスク版タパスのピンチョスやミシュラン星付きのレストラン、バスクチーズケーキなどの名だたる名店が軒を連ね、まさに「グルメの楽園」で、世界一の「美食の街」です。

Access

サン・セバスティアン空港からバスで約30分。または、ビルバオ空港からバスで1時間20分。ともに下車後、徒歩約5分

ペトラ・トゥ・ロミウ パフォス・キプロス

Petra tou Romiou

ギリシャ神話が伝わるパワースポット

ビットコインで一躍有名になったキプロスは、トルコとギリシャの文化が融合したエキゾチックな島国。ランドマークの一つであるこの岩は、ギリシャ神話の"愛と美の女神・アフロディーテ"が海から誕生した場所と伝えられ、ロマンチックな伝説をもち、世界文化遺産にも登録されています。水平線に消える美しい夕景とともに酔いしれてみてください。

Access

パフォス市街から車で約20分

アフリカの
絶景楽園

*Best View and Paradise Destinations
in Africa*

アギーバビーチ マルサマトルーフ・エジプト

Ageeba Beach

エジプトにある秘境絶景ビーチ

エジプトのビーチといえば紅海が有名ですが、美しさでいえば、地中海のリビア近くにあるマルサマトルーフ周辺に軍配が上がります。エジプト人には人気がありますが、外国人にはまだあまり知られていません。なかでもアギーバビーチの美しさは群を抜いています。近くにホテルはありませんが、シーズン中はパラソルが出て海水浴客でにぎわいます。

Access

アレクサンドリアからマルサマトルーフまでバスで4時間。そこから車で35分

ロイサバ・スターベッド ライキピア郡・ケニア
Loisaba Star Beds

星空の下で寝るスターベッド

ケニア北西部にあるサファリ、エレワナ・ロイ
サバ・スターベッドは、屋外に高床式のベッド
を置くという珍しいスタイルのロッジ。これ以
上に自然を感じられるホテルというのはなかな
かないのではないでしょうか。もちろん雨のと
きは屋根のある部分に収納可能です。ロイサバ
のサファリは私営なので、道路をはずれてより
動物に近づくことができるのも魅力の一つです。

Access

ナイロビから小型機で1
時間、そこから車で15分

山間の美しいブルーの町

山に囲まれたシャウエンの旧市街は、町全体が水色や深い青色で塗られています。一説にはスペインから追われたユダヤ人が、彼らにとって神聖な色である青色で染めたとも伝えられています。猫が多いことでも知られており、町のいたるところが撮影スポットに。一方、シャウエンから車で1時間半ほどのティトゥアンは白い町並みで知られています。

Access

フェズ・タンジェからバスで
3〜4時間

マレツニャーネの滝 レソト

Maletsunyane Falls

「アフリカのスイス」にある美しい瀑布

南アフリカ共和国に囲まれた内陸の小国レソト。国土全体が標高
1400メートル以上で、その風景の美しさから「アフリカのスイ
ス」と例えられます。高さ192メートルのマレツニャーネの滝は
近くのセモンコンの村からもトレッキングで行けます。草原と湖
沼、村人の生活や家畜の姿を眺めながら行く絶景ルートです。

Access

マセル空港から車で2時間半

マヨット

Mayotte

モザンビーク海峡・フランス領

生き物と共生する自然を愛でる島

マダガスカル島とモザンビークの間に浮かぶコモロ諸島の南西に位置するマヨット島は、手つかずの自然や豊かな海洋生物が生息しています。ダイビングやシュノーケリングで、マンタやウミガメなどと出会える体験は一生の思い出になるでしょう。プランクトンの一種である夜光虫が夜の海を光らせ、幻想的な風景に包まれます。

Access

マダガスカルの首都アンタナナリボから飛行機でマヨット空港へ。

北・中央
アメリカの
絶景楽園

*Best View and Paradise Destinations
in North / Central America*

絶景楽園 69 ｜ ワイキキビーチ ハワイ・アメリカ
Waikiki Beach

一生に一度は行きたいハワイの定番スポット

ワイキキビーチの周りには有名なホテルが並び建ち、運よくそれらのホテルに宿泊すると、ハワイを代表するワイキキビーチとダイヤモンドヘッドの豪華2大ビューを部屋から堪能できます。ビーチに対面するメインストリートの"カラカウア通り"には、レストランやお店が充実しており、観光客でにぎわいます。滞在中、早起きしてダイヤモンドヘッドを登れば、そこから見渡す市内の景色とハワイの青い海は、常夏のエナジーを感じられます。ワイキキビーチの景色は何度訪れても飽きずに、いつも癒やされる絶景です。日本人の心のオアシスともいえるでしょう。

Access

ホノルル空港からシャトルバスで
約40分でワイキキ市内へ

絶景楽園
70

ルイーズ湖
Lake Louise
アルバータ州・カナダ

カナダが誇る大自然の神秘

バンフ国立公園に位置するエメラルドグリーンの美しい氷河湖です。世界遺産カナディアンロッキーが見える湖のなかでも格別の美しさを誇り、「ロッキーの宝石」と例えられています。夏にはカヌーやハイキング、冬にはスキーや犬ぞりなどが人気で四季を通じてさまざまなアクティビティが楽しめます。湖畔にあるホテル「フェアモント・シャトー・レイク・ルイーズ」のレストランからは、ルイーズ湖とロッキー山脈を堪能しながら食事ができます。バンフに宿泊して、日帰りで訪れるプランがおすすめです。

Access
バンフやキャンモアから車、またはシャトルバスで約60分

ピッグ・ビーチ エグズーマ・バハマ

Pig Beach

人間好きなブタがお出迎え

エグズーマ諸島にある無人島には名前の通り、ビーチに野生のブタが棲んでおり、そのブタたちと一緒に泳ぐことができるユニークなビーチがあります。楽園にいるせいなのか、ブタたちもリラックスしてとてもフレンドリーなので、透き通るほど美しい海で一緒に泳ぎ、触れ合えるというお土産ネタになる体験ができることでしょう。

Access

バハマの首都ナッソーから、
ボートツアーに参加

リンカーン記念堂とリフレクティングプール

Lincoln Memorial and Reflecting Pool

ワシントンD.C.・アメリカ

映画『フォレスト・ガンプ』のワンシーンを彷彿させる場所

ギリシャ神殿風のデザインが特徴の1922年に完成したアメリカ合衆国第16代大統領エイブラハム・リンカーンを讃える記念建造物です。記念堂前には618メートルの長さのリフレクティングプールが広がり、水面に映るリンカーン記念堂の姿が美しい景観をつくり出しています。時刻や天候によっても異なる姿を見せ、アメリカを象徴する建造物です。

Access

ワシントンメトロ（地下鉄）
のFoggy Bottom-GWU駅
下車後、徒歩約15分

絶景楽園
73

セノーテ サムラ バヤドリド・メキシコ

Cenote Samula

古代文明を感じる幻想的な地下水洞

マヤ文明の聖なる泉であった美しい地下水洞や井戸をセノーテといい、ユカタン半島には7000ほどのセノーテが点在します。このセノーテは、チチェン・イッツァ遺跡の近くにあり、映画『リメンバー・ミー』のシーンのモデルになった場所ともいわれています。天井には大きな穴があり、そこから差し込む光が内部を神秘的に照らし、マヤの歴史を感じながら水遊びを楽しめ、まるでタイムスリップして冒険しているかのような気持ちになります。

Access
バヤドリド市街地から車、
またはタクシーで約10分

絶景楽園 74 | フレンチマンズコーブ・ビーチ
Frenchman's Cove beach
ポートアントニオ・ジャマイカ

極上の時間を過ごせる憧れリゾート

ジャマイカには、世界で美しいビーチランキングの上位を占める場所が多くあります。なかでも、ボブ・マーリーの生まれた場所として知られる港町ポートアントニオ近くに位置する、この小さな秘境ビーチは文字通りの常夏パラダイスを感じるにはぴったりの場所。ビーチと同じ名前のオールインクルーシブホテルも付近にあり、安心して滞在できます。

Access
シリル・E・キング
空港から車で13分

絶景楽園
75 | イナラハン天然プール
Inarajan Natural Pool

グアム・アメリカ

地元の人も集う憩いの場

日本から4時間弱で行けるグアムは、手軽に南国気分を味わえます。波の浸食でできた自然のプールは、グアム最古の村といわれるイナラハン村にあります。海とつながっていますが、火山岩に囲まれているので波を気にせずに水遊びできるところが魅力。新たに展望台や飛び込み台、柵などができ、2023年にリニューアルオープンしました。

Access

タモン中心部から
車で45分

活気と多様性に
満ちた大都会

一生に一度は足を運んでいた
だきたいのが、都市型絶景の
最高峰ともいえるニューヨー
クの中心地タイムズスクエア。
巨大なLEDスクリーン、鮮
やかなネオンサイン、車のク
ラクション音……すべての景
色がエネルギッシュに感じら
れ、年間数百万人が訪れる世
界屈指の観光地です。隣接す
るブロードウェイ劇場街では、
本場の名だたるミュージカル
や演劇を堪能できます。さら
に毎年大晦日には、新年のカ
ウントダウンを祝うために世
界中から多くの人が集まり、
タイムズスクエア・ボールの
落下と有名アーティストのショー
で、真冬のニューヨーク
も熱くなります。

Access

地下鉄 I・2・3・7・N・Q・R・S・W
線Times Square / 42nd St駅下車

絶景楽園 77 | フラメンコビーチ
Flamenco Beach

クレブラ島・プエルトリコ

北米人が選ぶカリブの楽園

プエルトリコは1年中温暖なため、アメリカ人やカナダ人のバケーション先として選ばれます。なかでも白砂と透明度が高いターコイズブルーの海が広がるフラメンコビーチは、世界のベストビーチなどのランキングで常に上位を獲得しています。売店やバーが隣接しているので、ビールやカクテルを片手に優雅なひとときを過ごせます。

Access

本土東端のファハルドからフェリーで約60分、クレブラ島へ。下船後、バスで約10分

リトル・ベイ アンギラ
Little Bay

セレブ御用達のカリブ海高級リゾート

海が美しいイメージのあるカリブ海ですが、どの島でも美しいという
わけではありません。そのなかで、文句なしに素晴らしいビーチが広
がっているのがイギリス領のアンギラ。崖に囲まれたプライベート感
溢れるリトル・ベイのほか、広大なショールベイイーストなど、魅力
的なビーチが島全体にあり、セレブたちが愛するのも納得です。

Access

アンギラ＝クレイトンJ・ロ
イド空港から車で10分

大型ジェット機が頭上を通過する奇跡のビーチ

着陸寸前の航空機がこのビーチの頭上をかすめることで世界的に知られています。かつてこのビーチが知られていなかったころ、専門家ですら合成写真と疑ったという逸話があります。離陸する際にはエンジンから噴出される空気により、人が吹き飛ばされる危険があると警告が出ているほどリスキーな場所です。ビーチのバーには飛行機の時刻表があり、カリブ海を堪能しつつ飛行機の迫力あるボディも楽しめる、世界随一のユニークなビーチです。

　＊現在、エールフランス航空は写真のA340ではなくA330で運航しています。

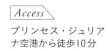

プリンセス・ジュリア
ナ空港から徒歩10分

オールドハバナ ハバナ・キューバ
Old Havana

文豪ヘミングウェイも愛した地

ハバナ旧市街はスペイン語で「La Habana Vieja」と呼ばれ、色鮮や
かなコロニアル建築と石畳の通りが印象的です。1519年以降のスペイ
ン植民地時代の建物が保存され、大聖堂や旧国会議事堂などの名所が点
在します。カフェやバーなどの街角にはキューバ音楽が流れ、アメリカ
ンクラシックカーなども走り、独特の文化と活気が感じられます。

Access

ホセ・マルティ国際空港からバスで
約1時間、またはタクシーで30分

バランドラビーチ

Balandra Beach

ラパス・メキシコ

心も浄化する癒やしの海

アメリカ人や、地元のメキシコ人たちにも人気のリゾート地バハ・カリフォルニア・スル。コルテス海にあるバランドラビーチは、2005年に世界自然遺産に登録されました。ビーチ環境保全を徹底しているので、ゴミもなく入場制限もする厳格なビーチです。

Access

ラパス市内中心部から車で約20分

コルコバード国立公園

オサ半島・コスタリカ

Corcovado National Park

中米随一の
自然観察の宝庫

公園内では多くの珍しい野鳥や野生動物が生息していて、手つかずの豊かな自然の中で生き生きと暮らす様子が見られます。熱帯雨林、白い砂浜、壮大な滝もあり、生き物たちの鳴き声もまるで歌っているかのように聞こえ、生き物の楽園にふさわしい場所です。

Access

首都サン・ホセから飛行機でパルマール・スール空港、またはドレイクベイ空港へ。そこから現地ツアーに申し込む

ベニスビーチ カリフォルニア州・アメリカ

Venice Beach

カリフォルニアの日常風景

ロサンゼルスのサンタモニカ・ピアから続く活気あるボードウォークと多彩なストリートパフォーマンスは多くの映画やミュージックビデオのロケ地となっています。スケートパークやバスケットコートに若者たちが集い、マッスルビーチでは筋トレにいそしむ人で溢れています。パームツリーが映え、オレンジ色に染まるサンセットのベニスビーチはエモさ満点の雰囲気を醸し出します。多文化が交錯する雰囲気が、訪れる人々に常に新しい発見と刺激を与える場所です。

 Access

LAX空港から
車で約15分

南アメリカの
絶景楽園

*Best View and Paradise Destinations
in South America*

ガードナー湾 エスパニョーラ島・エクアドル
Gardner Bay

野生動物がのんびり暮らす地

世界自然遺産のガラパゴス諸島の最南にエスパニョーラという島があり、そこには白砂で美しいガードナー湾があります。透き通る海には野生のアシカやウミガメが泳いでおり、珍しい魚やサンゴ礁も見られます。ビーチには珍しい鳥類も多く、野生動物観察に最適です。まるで実写版といえるような『リトルマーメイド』の世界がそこにあります。

 Access

本土側の都市グアヤキルからガラパゴス諸島まで飛行機で約1時間40分、ガラパゴス諸島からクルーズ船乗船

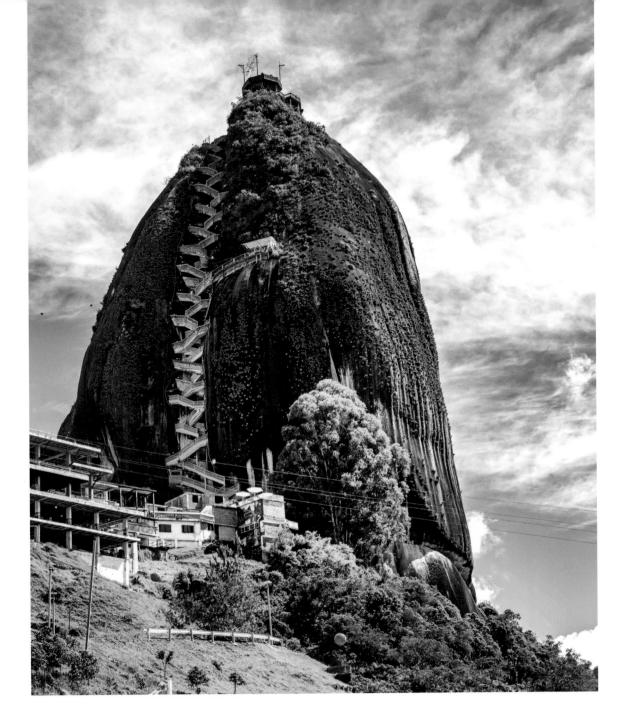

絶景楽園
85 | # ピエドラ・デル・ペニョール アンティオキア・コロンビア
The Stone of El Peñol

メルヘンの町にある巨大岩のタワー

カラフルでメルヘンな町として知られるグアタペの中心地とは裏腹に、
高さ約200メートルの巨大な花崗岩の一枚岩がどっしりと構えています。
靴ひもを結んだように張り巡らされた740段の階段を上りきった先には、
町を見渡せる360度のパノラマビューが広がります。頂上には展望台や
カフェがあり、休憩をしながら天空の絶景を堪能できます。

Access

メデジンから直通バスで約
2時間

トーレス デル パイネ国立公園

Torres del Paine National Park

南パタゴニア・チリ

世界南端に近い絶景山岳地帯

チリの首都サンティアゴから約3000キロメートル南にあるパイネは、アンデスの氷河地形の美しさで知られています。なかでも標高3050メートルのパイネ・グランデ峰は、その荒々しい山容が人々を圧倒します。国立公園の広さは2400平方キロメートルにおよび、隣国アルゼンチンのロス・グラシアレス国立公園と隣接しています。同公園には、いまだに成長し続けていることで知られるペリト・モレノ氷河があり、パイネとあわせて訪れる人が数多くいます。

Access

プエルトナタレスからバスで2時間

サリーナス・グランデス
フフイ州・アルゼンチン
The Salinas Grandes

どこまでも続く爽やかな塩湖

標高3450メートルのアンデス山脈の中に位置し、広さは約8290平方キロメートルで、真っ白な地平線が続き、広大な白い大地が広がるアルゼンチンの塩湖。地面にできた美しい六角形の塩の結晶と、太陽の光に輝く水路の景観は幻想的です。湧き水でできた泉も中までよく見えるほど透明感があり、真っ白い塩湖とのコントラストで写真映えします。

Access

フフイ長距離バスターミナルからプルママルカまでバスで60分。下車後、ツアーか車で約2時間

ウユニ塩原 ウユニ・ボリビア
Uyuni Salt Flat

秋田県と同面積の奇跡の絶景地

ボリビアに位置する世界最大の塩原は、日本人にも人気の絶景スポットです。11〜3月の雨季には湖面が反射し、空と地面が鏡のように一体化する景色を見るために世界中から観光客が集います。昼夜問わず神秘的な風景には感動して、一生忘れられない画になるでしょう。

Access

ラパス空港からウユニの町まで飛行機で約50分、到着後、現地ツアーに申し込む

アマゾン川 ブラジル、その周辺6カ国
Rio Amazonas

正真正銘、本場のジャングルクルーズ

世界で2番目に長い川であり、熱帯雨林を含むアマゾン盆地最大の保護区です。沼や湖などがモザイク状に広がりを見せ、場所によって景観が異なり、数千種の珍しい動植物に出会えます。まさにジャングルへ飛び込み、冒険を始めるという言葉どおりの体験が待っています。

Access

サンパウロ、またはリオデジャネイロ経由でマナウスへ。マナウスからアマゾン川ツアーに申し込む

ワスカラン国立公園 アンカシュ・ペルー
Huascarán National Park

古代文明が息づく奇跡の自然美

アンデス山脈に位置し、ペルー最高峰のワスカラン山（6768メートル）があり、世界一標高が高い国立公園といわれ、世界自然遺産にも登録されています。公園内には663の氷河と296の湖があり、美しい自然の景観はトレッキングや登山に最適です。古代アンデス文明では、アンデス山脈は海の底に存在していたと伝えられ、標高4800メートル以上の場所でアンモナイトなどの化石が発見されています。古代文明や考古遺跡の歴史と自然の融合が好奇心を掻き立てます。

Access

リマ経由でワラス空港
へ。ワラス空港から現
地ツアーに申し込む

リカンカブール山 チリ、ボリビア
Licancabur Volcano

カラフルな湖を前にそびえるアンデスの秀峰

チリとボリビアの国境に位置する高さ5916メートルの成層火山です。富士山に似ているその姿から、「アタカマ富士」と呼ばれることも。チリのアタカマ砂漠から近く、空気がきわめて澄んでいることから天体観測に向いており、近くにはアルマ望遠鏡もあります。ボリビア側には幻想的なエメラルドグリーンに輝くラグーナベルデなど、さまざまな湖があり、ウユニ塩原までの観光コースが旅行者に人気を集めています。

Access

カラマ空港から車で2時間

絶景楽園 92 | モンダウの滝 シウダデルエステ・パラグアイ
Monday Falls

自然の中に溶け込む名瀑

モンダウ市立公園にある落差約40メートルの壮大な滝は、緑豊かな熱帯雨林に囲まれ、訪れる人々をマイナスイオンで包み、その自然美に感動を覚えることでしょう。滝の近くには遊歩道が整備されており、滝の迫力を間近で感じることができます。また、野生動物の観察やアスレチック、ピクニックなども楽しめるため、家族連れやグループに人気です。

Access

ブラジルとの国境シウダデルエステからバスで約30分

ブラバビーチ
Brava Beach

マルドナド・ウルグアイ

「南米のモナコ」で豪華なリゾートを満喫

ブラバビーチに現れる手のモニュメント「ラ・マノ」はチリの芸術家マリオ・イララサバルによる彫刻で、この都市のシンボルになっています。ビーチ沿いは豪華なカジノ、ショッピング施設、洗練されたレストランが揃い、夜のエンターテイメントも充実しています。自然の美しさとスタイリッシュな都市が融合した、魅力溢れるリゾート地です。

Access

首都モンテビデオから
バスで約2時間半

94
イグアスの滝

Iguazú Falls

ブラジル、アルゼンチン

地球の反対側にある
壮大な自然の奇跡

ブラジルとアルゼンチンの国境に
位置する世界三大瀑布の一つであ
るイグアスの滝。275もの個別の
滝からなるそのスケールは圧倒的
です。最も有名な「悪魔の喉笛」は、
高さ80メートルから流れ落ちる水
の量と轟音が迫力満点！ ボート
で滝の近くまで行くことができ、
その大迫力を肌で感じることがで
きます。特に水量が多い時期は圧
巻です。晴れた日には虹がかかり、
一層美しさが増します。日程に余
裕があれば、ブラジルとアルゼン
チン両方からの景色を見ることを
おすすめします。

Access

ブラジル：リオデジャネイロ
かサンパウロ経由でフォス・
ド・イグアス空港からバスで
約30分／アルゼンチン：ブエ
ノスアイレス経由でカタラタ
ス・デル・イグアスの滝空港
からバスで約30分

ロス・ロケス諸島 ベネズエラ連邦保護領

Los Roques Archipelago

カリブ海で最も美しい楽園

「クリスタリンウォーター」といわれる透明な青い海と白い砂浜が広がるビーチは、まるで天国にいるかのよう。島全体が国立公園に指定されており、サンゴ礁が豊かで、ダイビングやシュノーケリングなど、マリンスポーツを楽しむために世界中からツーリストが集まります。時間を忘れて静かにリラックスできる究極のバカンスを味わえます。

Access

本土の首都カラカスから飛行機で約50分

オセアニアの
絶景楽園

*Best View and Paradise Destinations
in Oceania*

フリーマントル港 <small>フリーマントル・オーストラリア</small>
Fremantle Fishing Boat Harbour

ビクトリア様式の建物が並ぶかわいい港町

西オーストラリア州のパース近郊に位置し、19世紀の英国の風情が残る歴史的な魅力と現代的な活気が融合する港町です。ギャラリーやカフェが集まるフリーマントル市場は100年以上の歴史があり、訪れる価値があります。新鮮で豪快なシーフードが食べられる漁港や、港から小動物のクォッカが生息するロットネスト島へ行くのもおすすめです。

Access

パースから車、または電車で約30分

ウベア島

ウベア島・ニューカレドニア

Ouvéa Island

「天国にいちばん近い島」の超ロングビーチ

森村桂が1966年に記した旅行記『天国にいちばん近い島』は、1984年に映画化され、大ヒットとなりました。その舞台がウベア島です。島の西側には25キロにもおよぶビーチが続くその光景は今も「天国」という形容がふさわしく感じられます。アクセスが不便な離島ということもあり、ツーリストが少なく、ビーチを独占できます。

Access

ウベア空港から車で5分

絶景楽園
98 ## マティラビーチ ボラボラ島・タヒチ
Matira Beach

南太平洋の真珠にあるパブリックビーチ

南太平洋の真珠とも讃えられ、世界中のハネムーナーの憧れでもあるボラボラ島には、超高級リゾートが並びます。そのボラボラ島に唯一存在するパブリックビーチが南西部のマティラビーチ。その美しさはプライベートビーチにひけをとることはありません。西を向いているために沈む夕陽も美しく、一日中ビーチにとどまっていたいとさえ思わせます。

Access
ボラボラ空港からシャトルボートでヴァイタペまで30分、そこからミニバスで15分

クイーンズタウン
Queenstown
クイーンズタウン・ニュージーランド

大人も子どもも大満足のアクティビティ天国

「ビクトリア女王が暮らすのにふさわしい美しい街」として名付けられた、美しい自然と冒険に溢れたリゾートタウンです。街を象徴するワカティプ湖とリマーカブル山脈をゴンドラから一望できる、ボブズヒル山頂のスカイライン展望台は必見です。マリンアクティビティが豊富に楽しめるほか、おいしいワインを堪能できるワイナリーも近くにあります。

Access
クイーンズタウン国際空港
から路線バスで約20分

マタランカ温泉 ノーザンテリトリー・オーストラリア

Mataranka Thermal Pool

ジャングルにある、青く輝く温泉プール

オーストラリア北部のダーウィンから430キロほど南にあるエルジー国立公園内にあるのがマタランカ温泉です。青く澄んだ美しい水の色は、温泉王国である日本でも味わうことができません。水温は34度ほどで、水着を着用して入浴します。ジャングルの木漏れ日のなか、水の流れる音だけを聞く入浴は、この秘境を訪れた人だけの特権です。

Access

ダーウィン空港から車で4時間